Impressum
Verlag: BABADADA GmbH, Nedderfeld 112 , 22529 Hamburg
Geschäftsführer / Verlagsleitung: Harald Hof
Druck: Books on Demand GmbH, In de Tarpen 42, 22848 Norderstedt

Imprint
Publisher: BABADADA GmbH, Nedderfeld 112 , 22529 Hamburg, Germany
Managing Director / Publishing direction: Harald Hof
Print: Books on Demand GmbH, In de Tarpen 42, 22848 Norderstedt, Germany

школа

škola

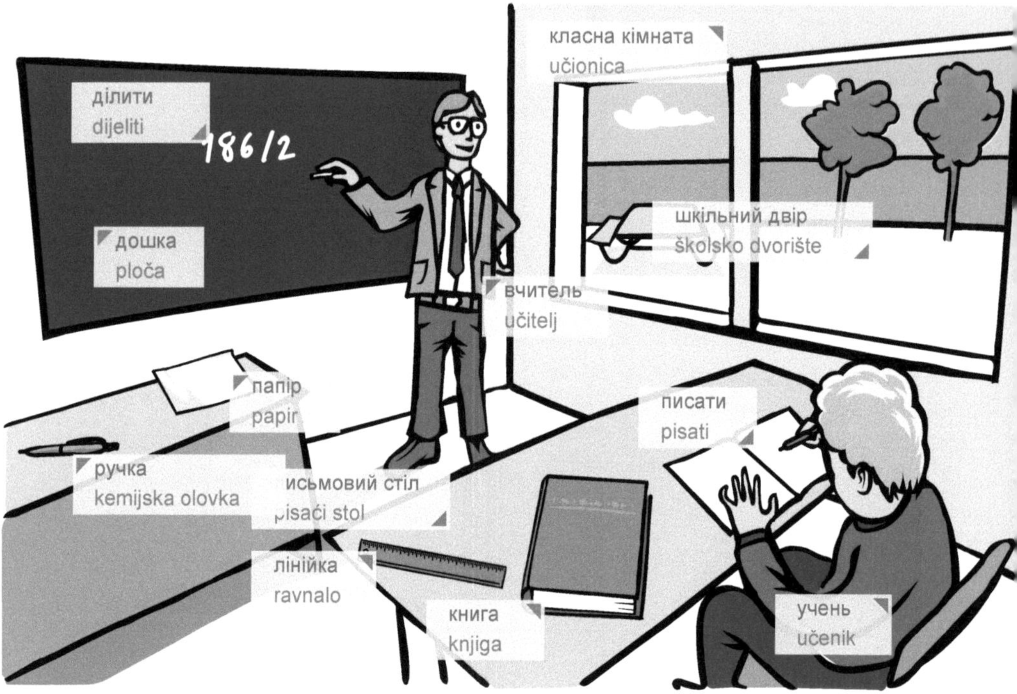

класна кімната
učionica
ділити
dijeliti
186/2
дошка
ploča
шкільний двір
školsko dvorište
вчитель
učitelj
папір
papir
писати
pisati
ручка
kemijska olovka
исьмовий стіл
pisaći stol
лінійка
ravnalo
книга
knjiga
учень
učenik

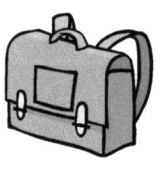

ранець

torba

пенал

pernica

олівець

grafitna olovka

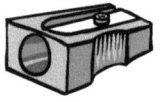

точило

šiljilo za olovke

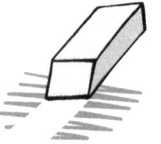

гумка

gumica za brisanje

альбом для малювання

blok za crtanje

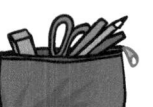

малюнок
crtež

пензель
kist

коробка фарб
kutija s bojama

ножиці
makaze

клей
ljepilo

зошит
bilježnica

домашнє завдання
domaći zadatak

число
broj

додавати
sabirati

віднімати
oduzimati

множити
množiti

рахувати
računati

літера
slovo

абетка
abeceda

слово
riječ

текст
tekst

читати
čitati

крейда
kreda

година
sat

класний журнал
dnevnik

екзамен
ispit

диплом
svjedodžba

шкільна форма
školska uniforma

освіта
obrazovanje

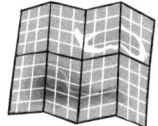

лексикон
leksikon

університет
sveučilište

мікроскоп
mikroskop

карта
karta

кошик для паперу
košara za papir

подорож
putovanje

готель
hotel
Grand
турбаза
prenoćište
ROOMS
обмінний пункт
mjenjačnica
валіза
kofer
автомобіль
auto

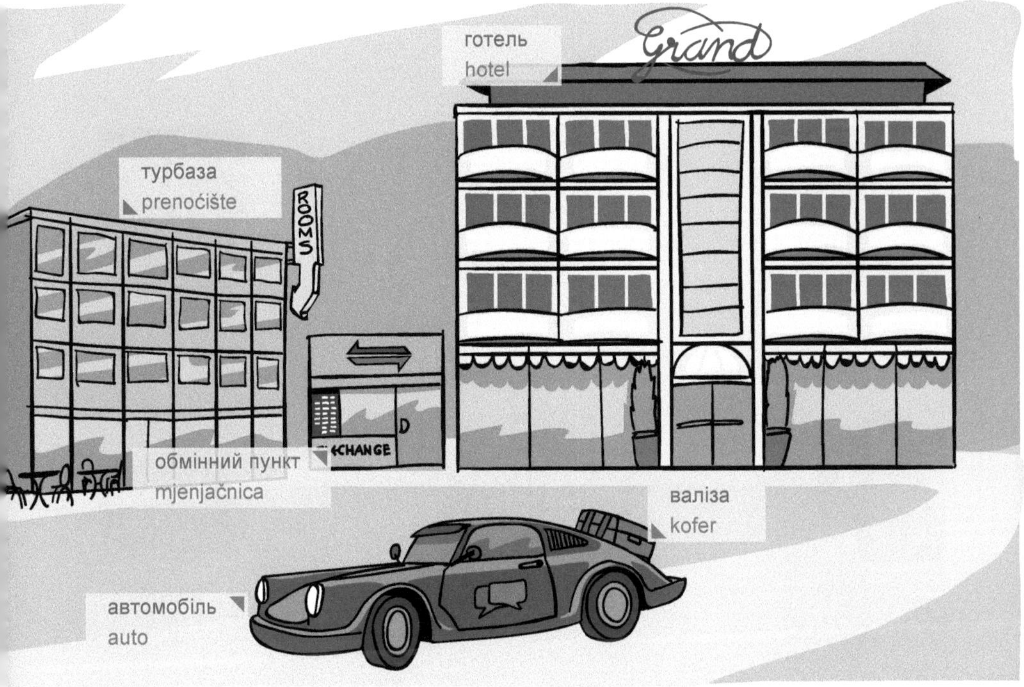

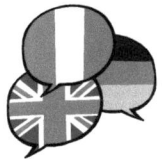

мова
jezik

так / ні
da / ne

добре
okay

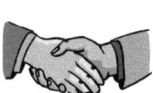

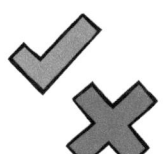

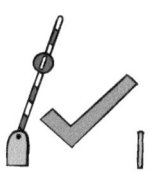

привіт
zdravo

перекладач
prevoditelj

дякую
hvala

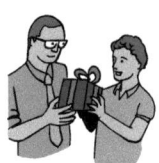

Скільки коштує ...?

Koliko košta...?

Я не розумію

ne razumijem

проблема

problem

Добрий вечір!

dobro veče!

Доброго ранку!

Dobro jutro!

На добраніч!

Laku noć!

До побачення

doviđenja

напрямок

smjer

багаж

prtljaga

сумка

torba

рюкзак

ruksak

гість

gost

кімната

soba

спальний мішок

vreća za spavanje

намет

šator

подорож - putovanje

туристична інформація

turističke informacije

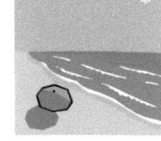

пляж

plaža

кредитна картка

kreditna kartica

сніданок

doručak

обід

ručak

вечеря

večera

квиток

karta za vožnju

ліфт

dizalo

поштова марка

poštanska markica

межа

granica

митниця

carina

посольство

ambasada

віза

viza

паспорт

putovnica

транспорт

transport

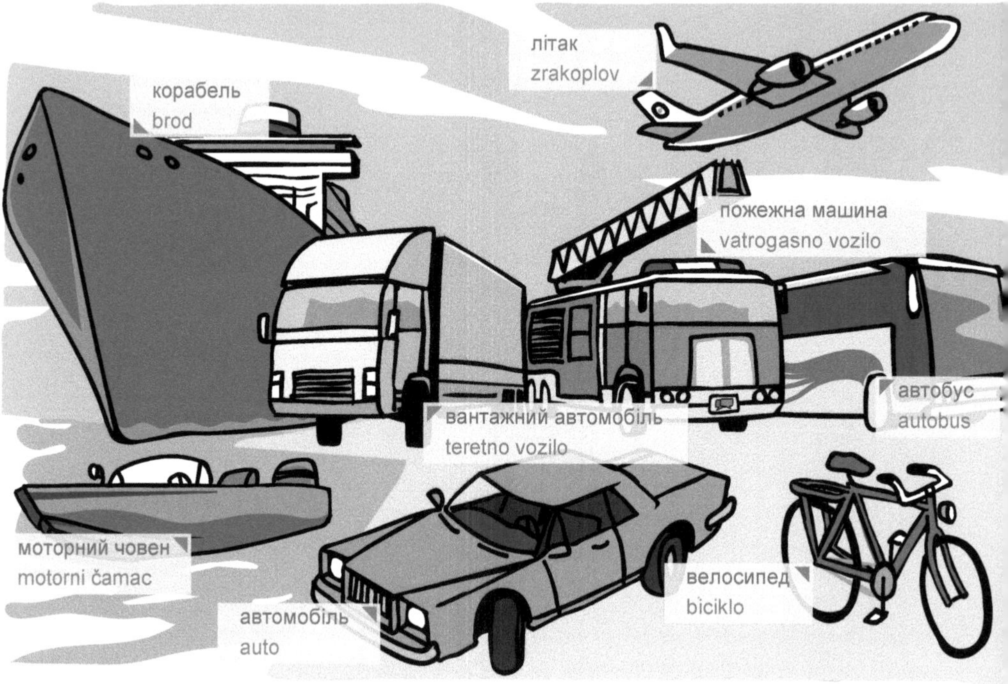

літак
zrakoplov
корабель
brod
пожежна машина
vatrogasno vozilo
автобус
autobus
вантажний автомобіль
teretno vozilo
моторний човен
motorni čamac
велосипед
bicikl̀o
автомобіль
auto

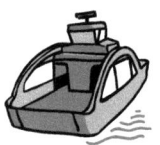

пором

trajekt

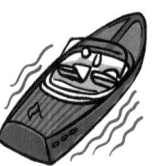

човен

čamac

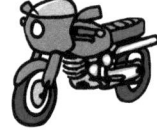

мотоцикл

motocikl

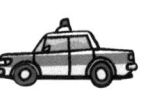

поліцейська машина

policijski auto

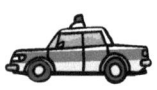

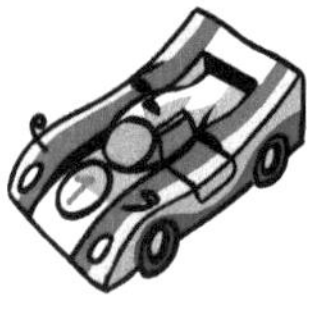

гоночний автомобіль

trkaći auto

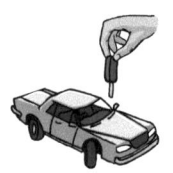

автомобіль на прокат

iznajmljeno auto

льне користування авто

dijeljenje automobila

евакуатор

vučno vozilo

сміттєвоз

vozilo za odvoz smeća

двигун

motor

паливо

benzin

автозаправна станція

benzinska postaja

дорожній знак

prometni znak

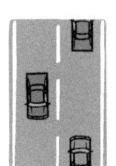

рух

promet

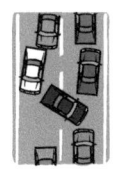

затор

zastoj

стоянка

parkiralište

вокзал

kolodvor

рейки

šine

потяг

vlak

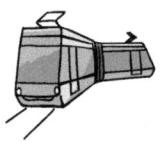

трамвай

tramvaj

вагон

vagon

гелікоптер

helikopter

аеропорт

zrakoplovna luka

вежа

toranj

пасажир

putnik

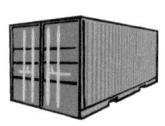

контейнер

kontejner

коробка

karton

візок

kolica

кошик

košara

стартувати / приземлятися

uzletjeti / sletjeti

місто

grad

село

selo

центр міста

centar grada

дім

kuća

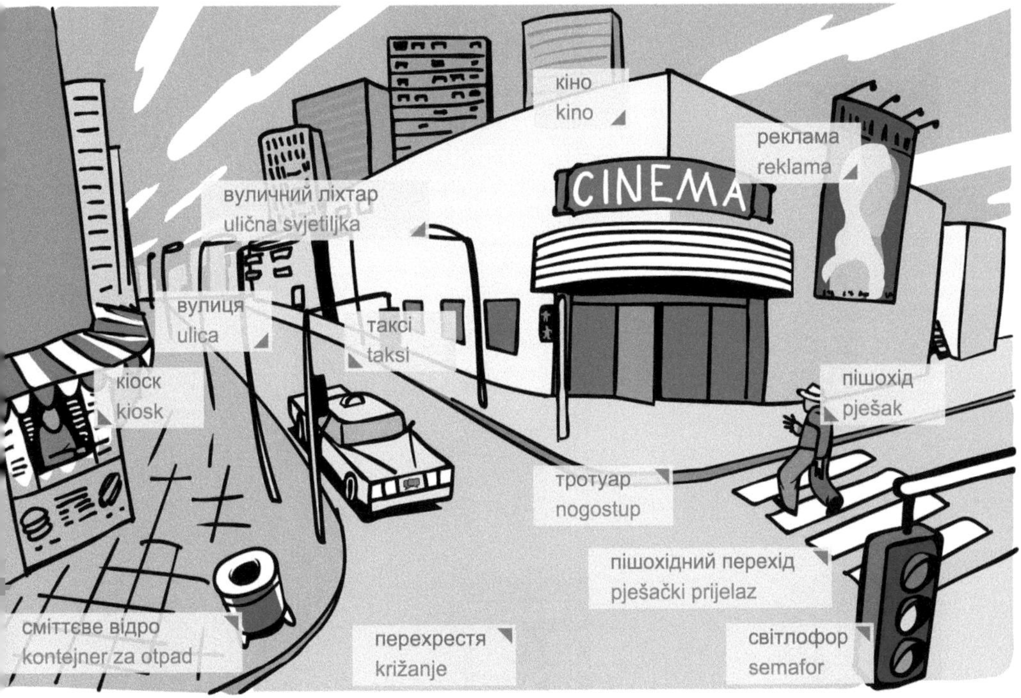

кіно\
kino

реклама\
reklama

вуличний ліхтар\
ulična svjetiljka

CINEMA

вулиця\
ulica

таксі\
taksi

пішохід\
pješak

кіоск\
kiosk

тротуар\
nogostup

пішохідний перехід\
pješački prijelaz

сміттєве відро\
kontejner za otpad

перехрестя\
križanje

світлофор\
semafor

хатина\
koliba

квартира\
stan

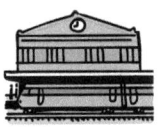

вокзал\
kolodvor

ратуша\
vijećnica

музей\
muzej

школа\
škola

університет

sveučilište

банк

banka

лікарня

bolnica

готель

hotel

аптека

ljekarna

офіс

ured

книжковий магазин

knjižara

магазин

prodavaonica

квітковий магазин

cvjećara

супермаркет

supermarket

ринок

trg

універмаг

robna kuća

торговець рибою

ribarnica

торговельний центр

trgovački centar

гавань

luka

місто - grad

парк

park

лава

klupa

міст

most

сходи

stepenice

метро

podzemna željeznica

тунель

tunel

автобусна зупинка

autobusna stanica

бар

bar

ресторан

restoran

поштова скринька

poštansko sanduče

вулична табличка

ulični znak

лічильник паркування

parkirni sat

зоопарк

zoološki vrt

басейн

bazen

мечеть

džamija

ферма

seosko gazdinstvo

забруднення навколишнього середовища

zagađenje okoliša

кладовище

groblje

церква

crkva

дитячий майданчик

igralište

храм

hram

ландшафт

krajolik

листок
list

вказівний стовп
putokaz

шлях
put

луг
livada

камінь
kamen

дерево
drvo

мандрівник
šetač

річка
rijeka

трава
trava

квітка
cvijet

долина
dolina

гора
planina

озеро
jezero

ліс
šuma

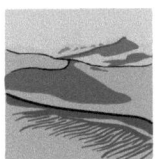

пустеля
pustinja

вулкан
vulkan

замок
dvorac

веселка
duga

гриб
gljiva

пальма
palma

комар
moskito

муха
muha

мурашка
mrav

бджола
pčela

павук
pauk

жук

buba

жаба

žaba

вивірка

vjeverica

їжак

jež

заєць

zec

сова

sova

птах

ptica

лебідь

labud

кабан

divlja svinja

олень

jelen

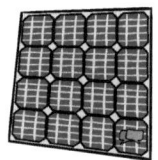

лось

los

гребля

nasip

вітряк

vjetrenjača

сонячний модуль

solarna ploča

клімат

klima

ландшафт - krajolik

ресторан
restoran

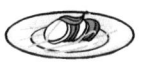

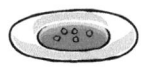

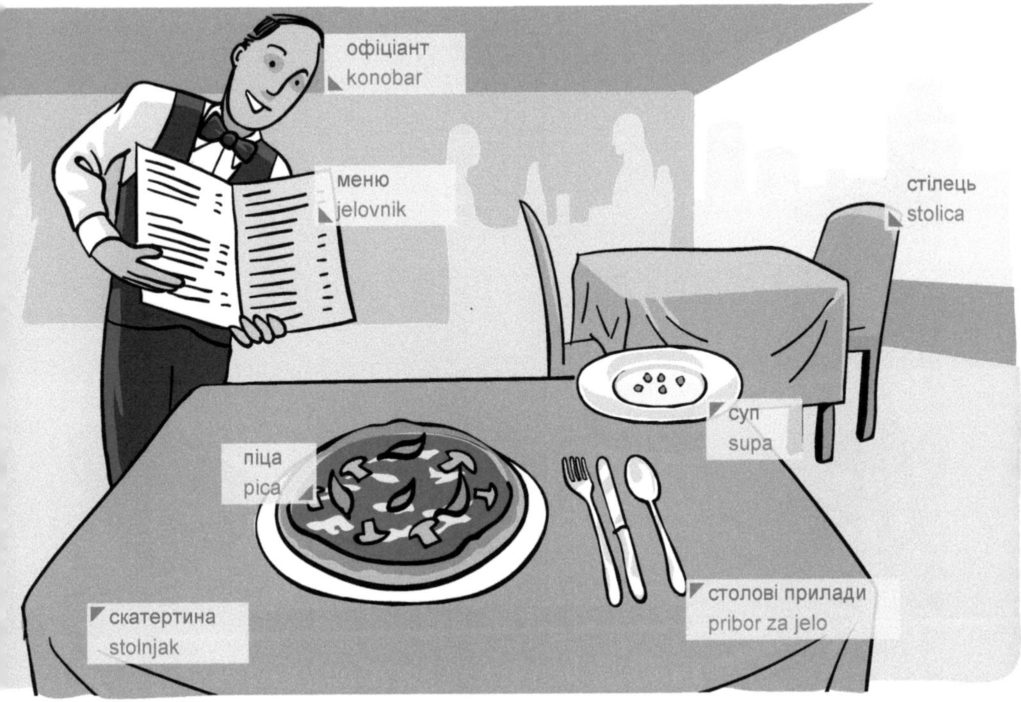
офіціант
konobar
меню
jelovnik
стілець
stolica
суп
supa
піца
pica
столові прилади
pribor za jelo
скатертина
stolnjak

закуска

predjelo

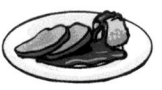

друга страва

glavno jelo

десерт

desert

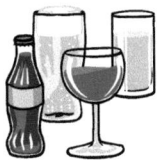

напої

napitci

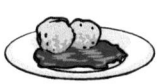

їжа

jelo

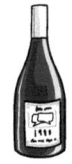

пляшка

boca

фаст-фуд

fastfood

вулична їжа

imbis hrana

чайник

čajnik

цукорниця

doza za šećer

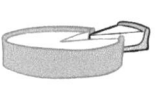

порція

porcija

еспресо-машина

aparat za espresso

високий стільчик

visoka stolica

рахунок

račun

піднос

pladanj

ніж

nož

вилка

vilica

ложка

žlica

чайна ложка

čajna žlica

серветка

ubrus

склянка

čaša

ресторан - restoran

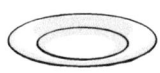

тарілка

tanjur

тарілка для супу

tanjur za supu

блюдце

tanjurić

соус

sos

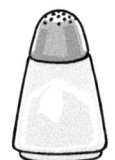

солонка

soljenka

млин для перцю

mlin za biber

оцет

ocat

масло

ulje

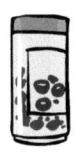

спеції

začini

кетчуп

kečap

гірчиця

senf

майонез

majoneza

супермаркет
supermarket

пропозиція
ponuda
FOR
клієнт
kupac
молочні продукти
mliječni proizvodi
фрукти
voće
візок для покупок
kolica za kupnju

BUTCHERS

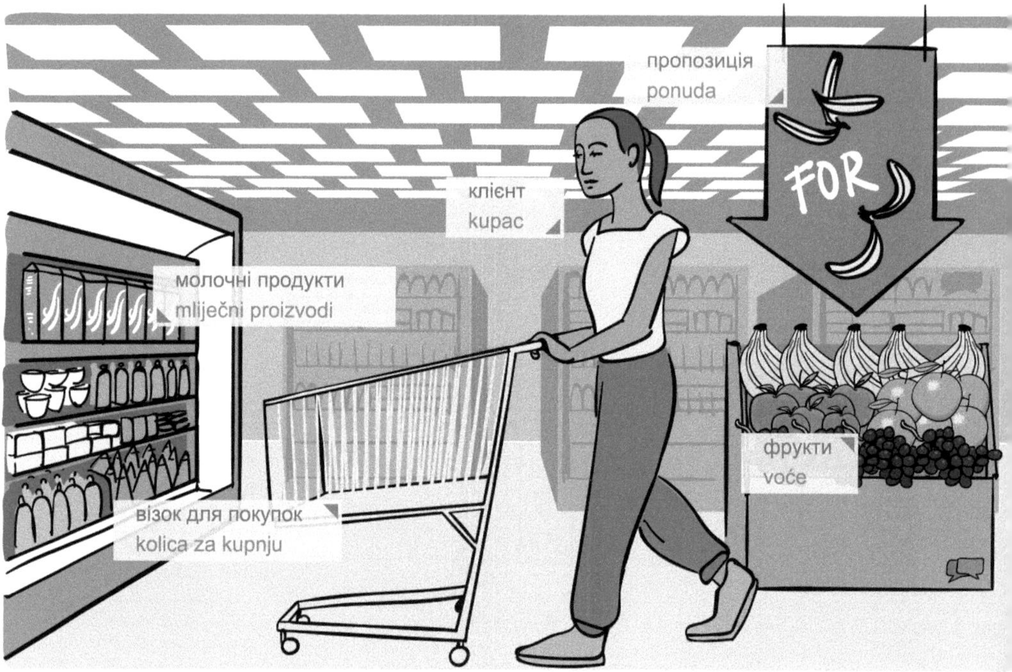

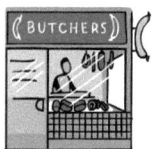

м'ясний магазин

mesnica

BAKERY

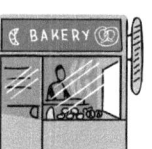

пекарня

pekarnica

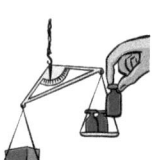

зважувати

vagati

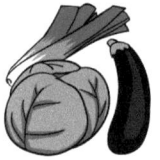

овочі

povrće

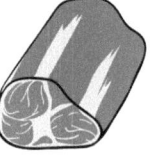

м'ясо

meso

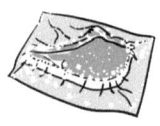

заморожені продукти

duboko smrznuta hrana

ковбасна нарізка

narezak

консерви

konzerve

пральний порошок

sredstvo za pranje

солодощі

slatkiši

предмети домашнього побуту

artikli za domaćinstvo

мийний засіб

sredstva za čišćenje

продавщиця

prodavačica

каса

blagajna

касир

blagajnik

список покупок

lista za kupnju

часи роботи

vrijeme rada

гаманець

novčanik

кредитна картка

kreditna kartica

сумка

torba

поліетиленовий пакет

plastična vrećica

вода

voda

сік

sok

молоко

mlijeko

кола

cola

вино

vino

пиво

pivo

алкоголь

alkohol

какао

kakao

чай

čaj

кава

kava

еспресо

espresso

капучіно

cappuccino

банан

banana

яблуко

jabuka

апельсин

naranča

кавун

lubenica

лимон

limun

морква

mrkva

часник

češnjak

бамбук

bambus

цибуля

luk

гриб

gljiva

горішки

orašasti plodovi

локшина

rezanci

спагеті

špagete

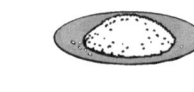

рис

riža

салат

salata

картопля фрі

pomfrit

смажена картопля

pečeni krumpir

піца

pica

гамбургер

hamburger

бутерброд

sendvič

шніцель

šnicla

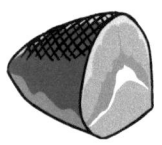

шинка

pršut

салямі

salama

ковбаса

kobasica

курка

kokoš

печеня

pečenje

риба

riba

вівсяні пластівці

zobene pahuljice

мюслі

musli

кукурудзяні пластівці

kukuruzne pahuljice

борошно

brašno

круасан

roščić

булочка

pecivo

хліб

kruh

тостовий хліб

toast

печиво

keksi

масло

maslac

сир

svježi sir

пиріг

kolač

яйце

jaje

яєчня

jaje na oko

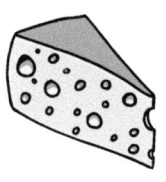

сир

sir

морозиво

sladoled

цукор

šećer

мед

med

мармелад

marmelada

нуга-крем

nugat krema

карі

curry

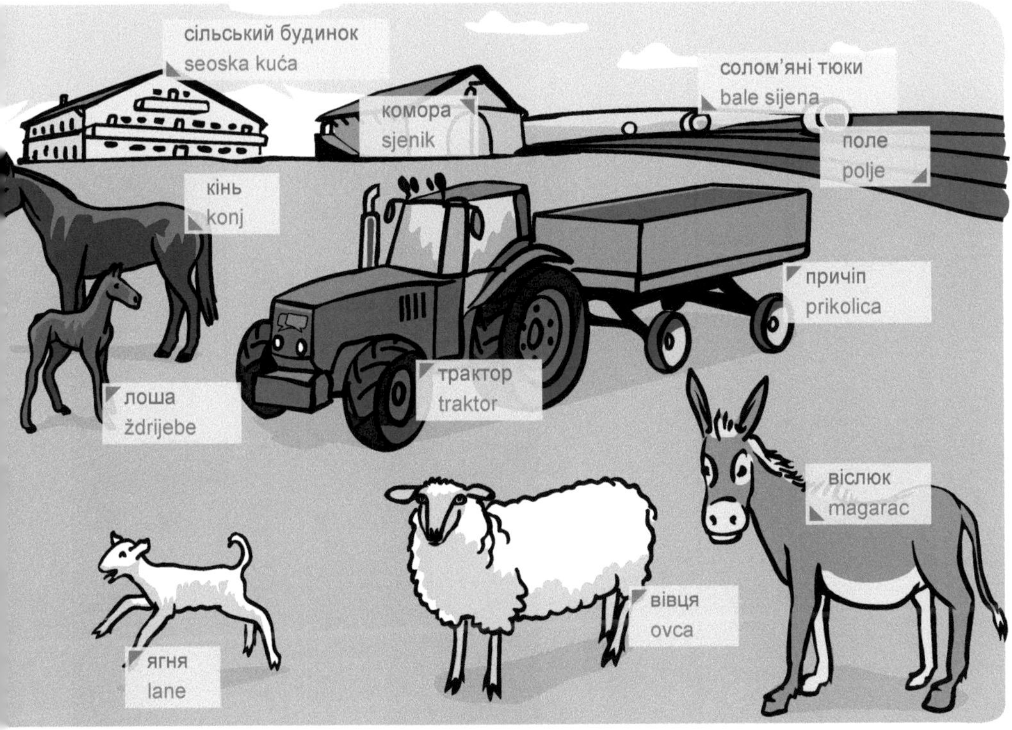

сільський будинок
seoska kuća

комора
sjenik

солом'яні тюки
bale sijena

поле
polje

кінь
konj

причіп
prikolica

лоша
ždrijebe

трактор
traktor

віслюк
magarac

ягня
lane

вівця
ovca

коза
koza

корова
krava

теля
tele

свиня
svinja

порося
prase

бик
bik

гусак
guska

качка
patka

курча
pilići

курка
kokoš

півень
pijetao

щур
pacov

кіт
mačka

миша
miš

віл
vol

собака
pas

собача будка
kućica za psa

садовий шланг
vrtno crijevo

лійка
kanta za polijevanje

коса
kosa

плуг
plug

ферма - seosko gazdinstvo

серп

srp

мотика

motika

вила

vilica za gnojivo

сокира

sjekira

тачка

tačke

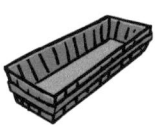

корито

korito

бідон молока

posuda za mlijeko

мішок

vreća

паркан

ograda

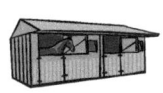

хлів

štala

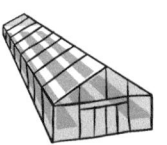

теплиця

staklenik

ґрунт

zemlja

насіння

sjeme

добриво

gnojivo

комбайн

kombajn

пожинати
žanjati

урожай
žetva

корінь ямсу
yams začin

пшениця
pšenica

соя
soja

картопля
krumpir

кукурудза
kukuruz

ріпак
uljana repica

плодове дерево
voćka

маніок
gomolj manioke

злаки
žitarice

дім

kuća

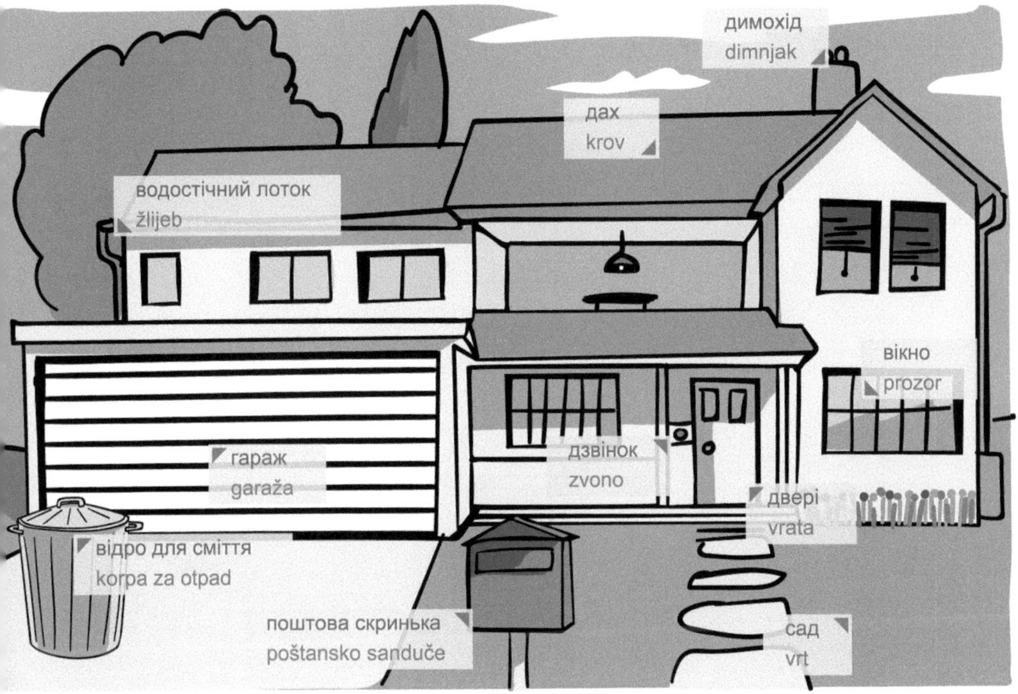

димохід
dimnjak
дах
krov
водостічний лоток
žlijeb
вікно
prozor
гараж
garaža
дзвінок
zvono
двері
vrata
відро для сміття
korpa za otpad
поштова скринька
poštansko sandučе
сад
vrt

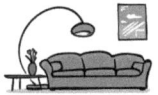

вітальня

dnevna soba

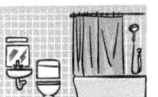

ванна кімната

kupaonica

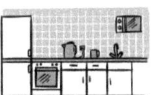

кухня

kuhinja

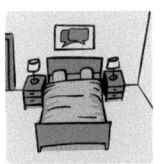

спальня

spavaća soba

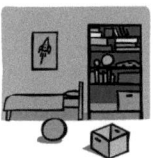

дитяча кімната

dječija soba

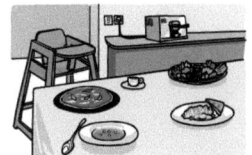

їдальня

trpezarija

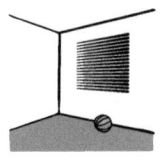

підлога
pod

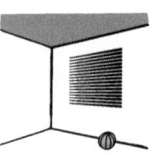

стіна
zid

стеля
strop

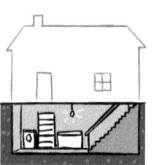

підвал
podrum

сауна
sauna

балкон
balkon

тераса
terasa

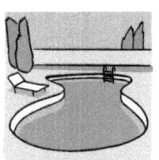

басейн
bazen

косарка
kosilica za travu

простирало
posteljina za krevet

ковдра
deka za krevet

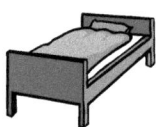

ліжко
krevet

мітла
metla

відро
kanta

перемикач
sklopka

вітальня

dnevna soba

шпалери
tapeta
малюнок
slika
лампа
svjetiljka
поличка
regal
шафа
ormar
телевізор
televizija
камін
kamin
квітка
cvijet
подушка
jastuk
диван
kauč
ваза
vaza
пульт
daljinski upravljač

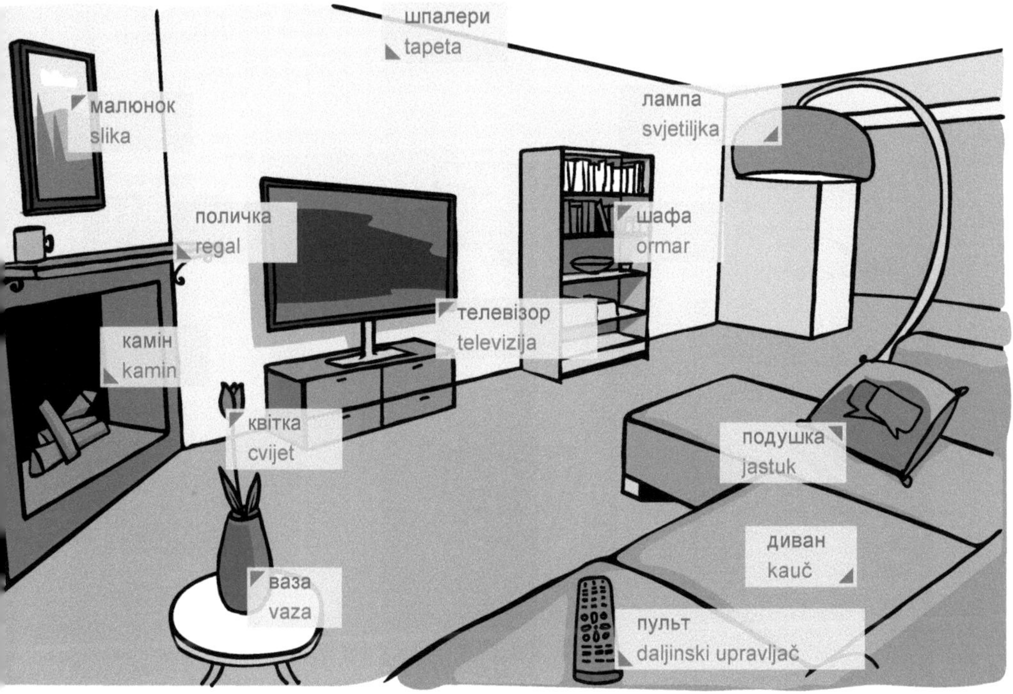

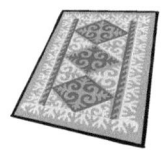

килим

tepih

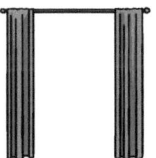

завіса

zavjesa

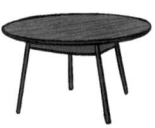

стіл

stol

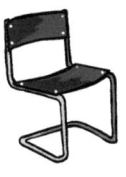

стілець

stolica

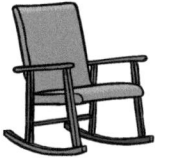

крісло-гойдалка

stolica za njihanje

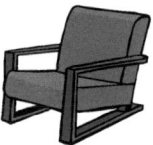

крісло

fotelja

книга
knjiga

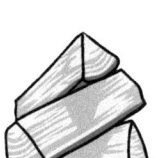

ковдра
deka

прикраса
dekoracija

дрова
drvo za ogrjev

фільм
film

стереосистема
stereo uređaj

ключ
ključ

газета
novine

картина
slika na platnu

плакат
poster

радіо
radio

блокнот
blok za pisanje

пилосос
usisavač

кактус
kaktus

свічка
svijeća

кухня
kuhinja

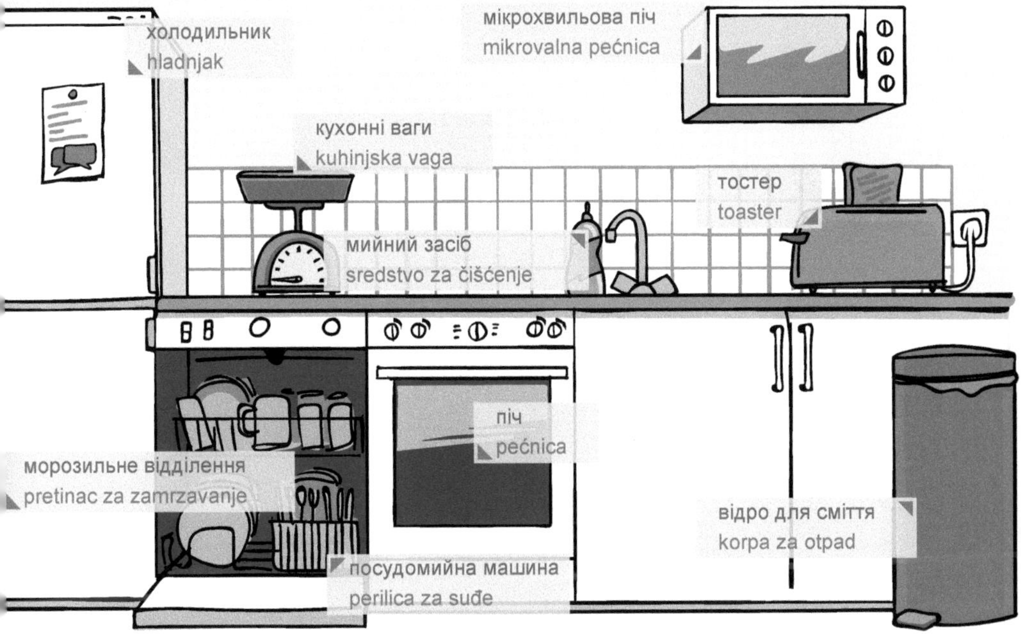
холодильник
hladnjak
мікрохвильова піч
mikrovalna pećnica
кухонні ваги
kuhinjska vaga
тостер
toaster
мийний засіб
sredstvo za čišćenje
піч
pećnica
морозильне відділення
pretinac za zamrzavanje
відро для сміття
korpa za otpad
посудомийна машина
perilica za suđe

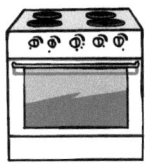

плита
....
štednjak

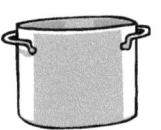

горщик
....
lonac

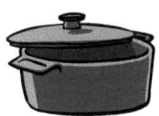

чавунний горщик
....
željezni lonac

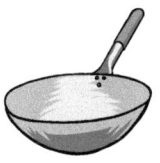

вок / кадай
....
wok / kadai

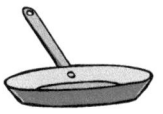

сковорода
....
tava

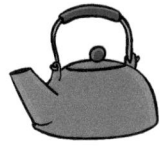

чайник
....
kuhalo za vodu

пароварка

kuhalo na paru

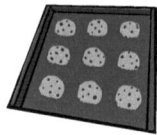

лист

lim za pečenje

посуд

posuđe

кухоль

čaša

чаша

zdjela

палички для їжі

štapići za jelo

черпак

kutljača

лопатка

lopatica

вінчик для збивання

pjenjača

сито

sito za kuhanje

сито

sito

терка

ribež

ступка

mužar

барбекю

roštilj

багаття

ognjište

дошка
daska

качалка
oklagija

штопор
vadičep

конзерва
konzerva

відкривачка
otvarač konzervi

прихватки
krpa za lonac

раковина
sudoper

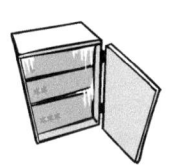

щітка
četka

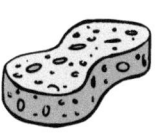

губка
spužva

міксер
mikser

морозильна камера
zamrzivač

дитяча пляшка
bočica za bebe

кран
slavina za vodu

ванна кімната
kupaonica

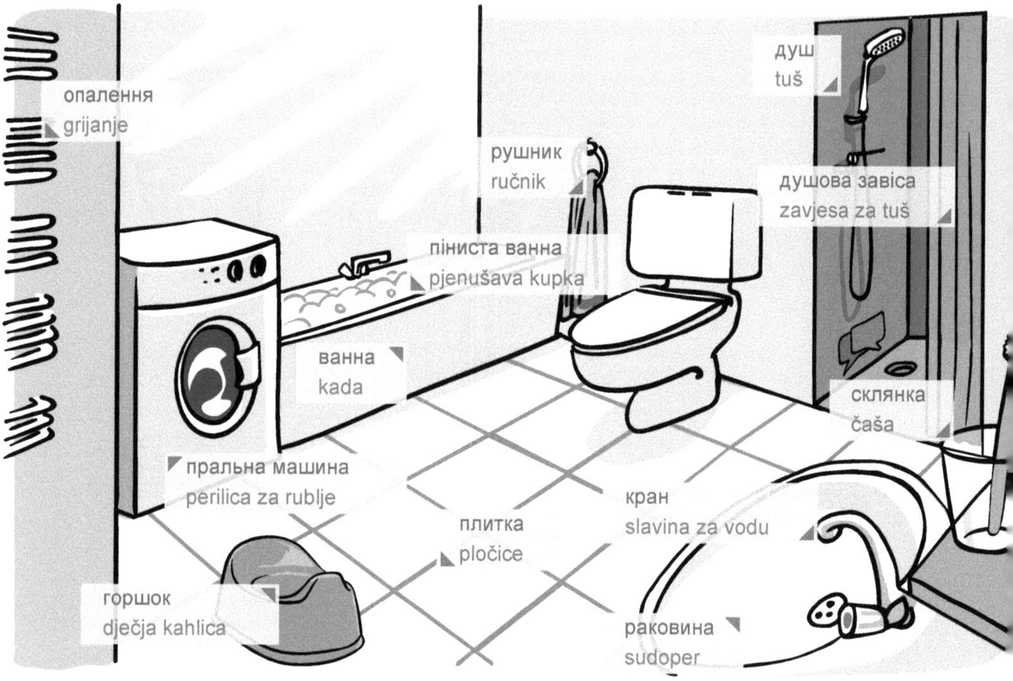

опалення
grijanje
душ
tuš
рушник
ručnik
душова завіса
zavjesa za tuš
пiниста ванна
pjenušava kupka
ванна
kada
склянка
čaša
пральна машина
perilica za rublje
кран
slavina za vodu
плитка
pločice
горшок
dječja kahlica
раковина
sudoper

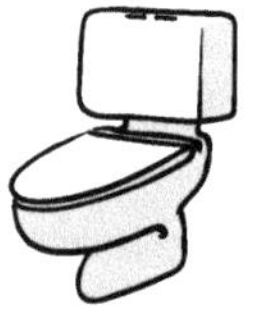

туалет
toalet

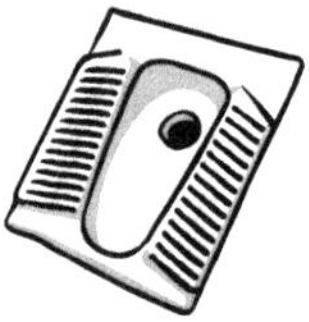

підлоговий туалет
čučavac

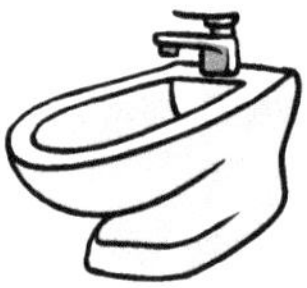

біде
bidet

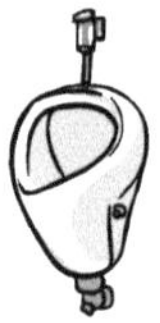

пісуар
pisoar

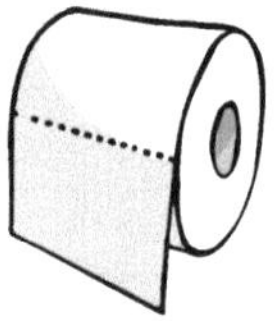

туалетний папір
papir za toalet

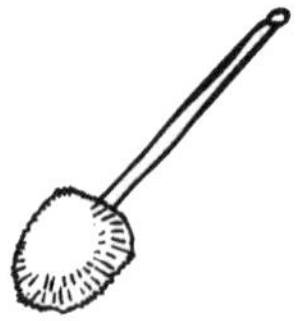

щітка для туалету
četka za toalet

зубна щітка

četkica za zube

зубна паста

pasta za zube

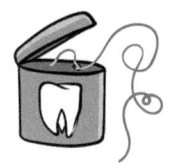

нитка для чищення зубів

konac za zube

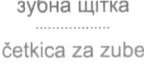

мити

prati

ручний душ

tuš ručica

інтимний душ

tuš za pranje intimnih dijelova

таз

lavor

щітка для спини

četka za pranje leđa

мило

sapun

гель для душу

gel za tuširanje

шампунь

šampon

мочалка

krpa za pranje

водостік

odvod

крем

krema

дезодорант

dezodorans

дзеркало

ogledalo

косметичне дзеркало

kozmetičko ogledalo

бритва

brijač

піна для гоління

pjena za brijanje

лосьйон після гоління

losion za poslije brijanja

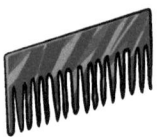

гребінь

češalj

щітка

četka

фен

sušilo za kosu

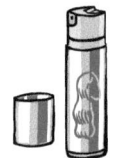

лак для волосся

sprej za kosu

косметика

makeup

губна помада

ruž za usne

лак для нігтів

lak za nokte

вата

vata

ножиці для нігтів

škare za nokte

парфум

parfem

космети́чка
neseser

табуре́т
stolica

ва́ги
vaga

хала́т
ogrtač

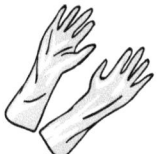

гумо́ві рукави́чки
rukavice za čišćenje

тампо́н
tampon

гігієні́чні прокла́дки
uložak

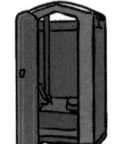

біотуале́т
kemijski toalet

дитяча кімната
dječija soba

будильник
budilnik
м'яка іграшка
plišana igračka
іграшковий автомобіль
auto igračka
брязкальце
zvečka
ляльковий будиночок
kućica za lutke
подарунок
poklon

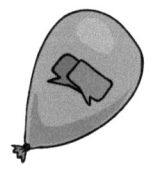

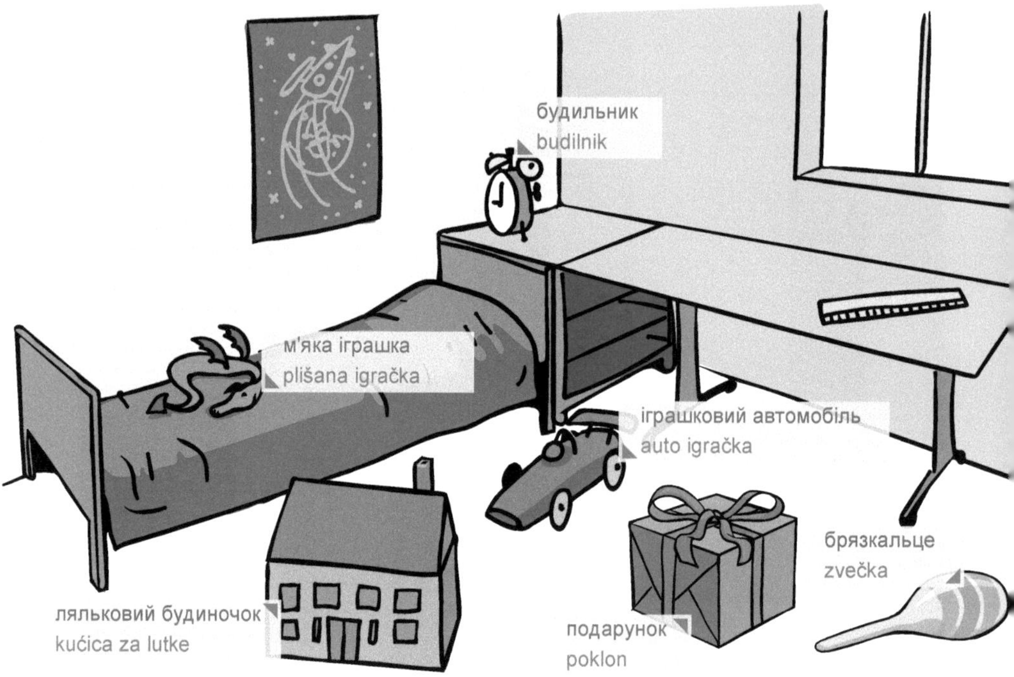

повітряна кулька

balon

ліжко

krevet

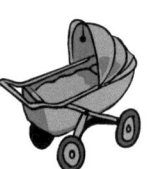

дитячий візок

dječija kolica

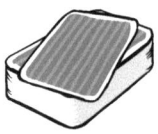

картярська гра

igra s kartama

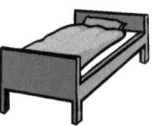

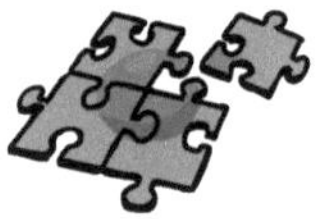

пазл

slagalica

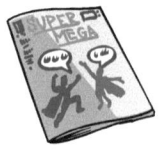

комікс

strip

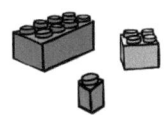

лего цеглинки

lego kockice

блоки

kockice za slaganje

іграшкова фігурка

akcioni junak

повзунки

kombinezon za bebe

фризбі

frizbi

мобіле

viseće igračke

настільна гра

društvene igre

кубик

kocka

модель залізнична станція

minijaturna željeznica

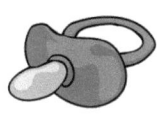

соска

duda

вечірка

tulum

книжка з картинками

slikovnica

м'яч

lopta

лялька

lutka

грати

igrati

пісочниця
pješčanik

гойдалка
ljuljačka

іграшка
igračka

гральна консоль
konzola za igre

триколісний велосипед
tricikl

плюшевий мішка
plišani medo

шафа
ormar

шкарпетки
kratke čarape

панчохи
čarape

колготки
hulahopke

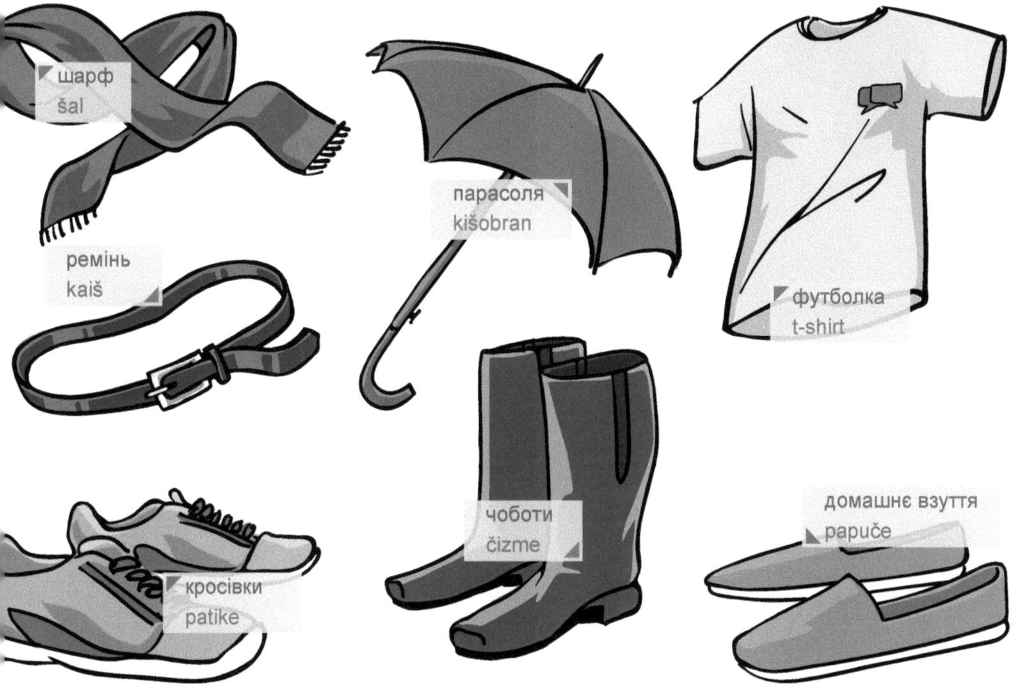

шарф
šal

ремінь
kaiš

парасоля
kišobran

футболка
t-shirt

чоботи
čizme

домашнє взуття
papuče

кросівки
patike

сандалі
....
sandale

взуття
....
cipele

гумові чоботи
....
gumene čizme

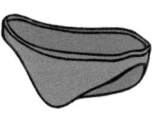

труси
....
gaćice

бюстгальтер
....
grudnjak

нижня сорочка
....
potkošulja

боді

bodi

штани

hlače

джинси

džins

спідниця

haljina

блузка

bluza

сорочка

košulja

пуловер

džemper

светр

pulover s kapuljačom

піджак

blejzer

куртка

jakna

пальто

kaput

дощовик

kabanica

костюм

kostim

сукня

haljina

весільна сукня

vjenčanica

костюм

odijelo

нічна сорочка

spavaćica

піжама

pidžama

сарі

sari

головна хустка

rubac

чалма

turban

бурка

burka

кафтан

kaftan

абая

abaja

купальник

kupaći kostim

плавки

kupaće gaćice

шорти

kratke hlače

тренувальний костюм

odjeća za trening

фартух

pregača

рукавички

rukavice

гудзик

gumb

окуляри

naočale

браслет

narukvica

ланцюг

ogrlica

кільце

prsten

сережка

naušnica

шапка

kapa

плічка

vješalica

капелюх

šešir

краватка

kravata

застібка-блискавка

patent zatvarač

шолом

kaciga

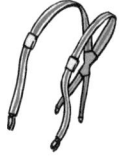

підтяжки

naramenice

шкільна форма

školska uniforma

уніформа

uniforma

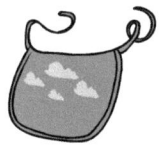

нагрудник

podbradak

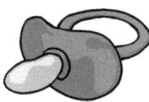

соска

duda

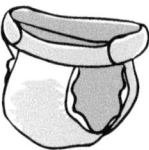

підгузок

pelena

офіс
ured

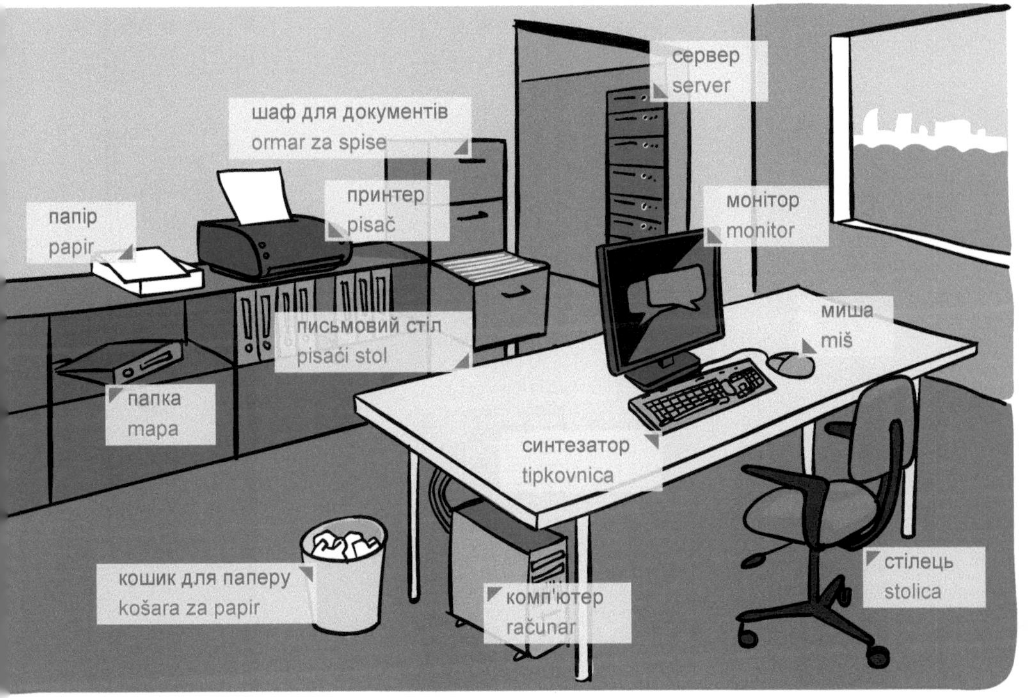

сервер
server
шаф для документів
ormar za spise
принтер
pisač
папір
papir
монітор
monitor
миша
miš
письмовий стіл
pisaći stol
папка
mapa
синтезатор
tipkovnica
стілець
stolica
кошик для паперу
košara za papir
комп'ютер
računar

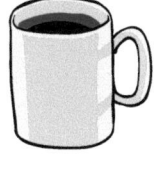

кавовий кухоль

šalica za kavu

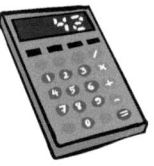

калькулятор

kalkulator

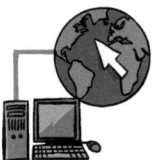

інтернет

internet

ноутбук

laptop

лист

pismo

повідомлення

poruka

мобільний телефон

mobilni telefon

мережа

mreža

копіювальний пристрій

uređaj za kopiranje

програмне забезпечення

softver

телефон

telefon

розетка

utičnica

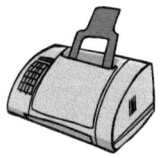

факс

faks

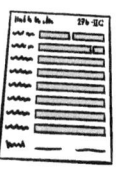

бланк

obrazac

документ

dokument

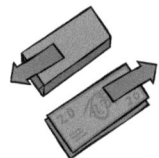

купувати

kupovati

платити

platiti

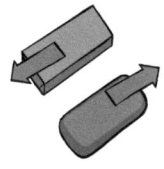

торгувати

trgovati

гроші

novac

долар

dolar

євро

euro

ієна

jen

рубль

rubalj

франк

švicarski franak

юанів женьміньбі

renmindbi yuan

рупія

rupija

банкомат

automat za novac

обмінний пункт

mjenjačnica

золото

zlato

срібло

srebro

нафта

nafta

енергія

energija

ціна

cijena

контракт

ugovor

податок

porez

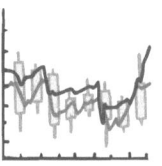

акція

dionica

працювати

raditi

працівник

službenik

роботодавець

poslodavac

фабрика

tvornica

магазин

prodavaonica

економіка - gospodarstvo

професії
zanimanja

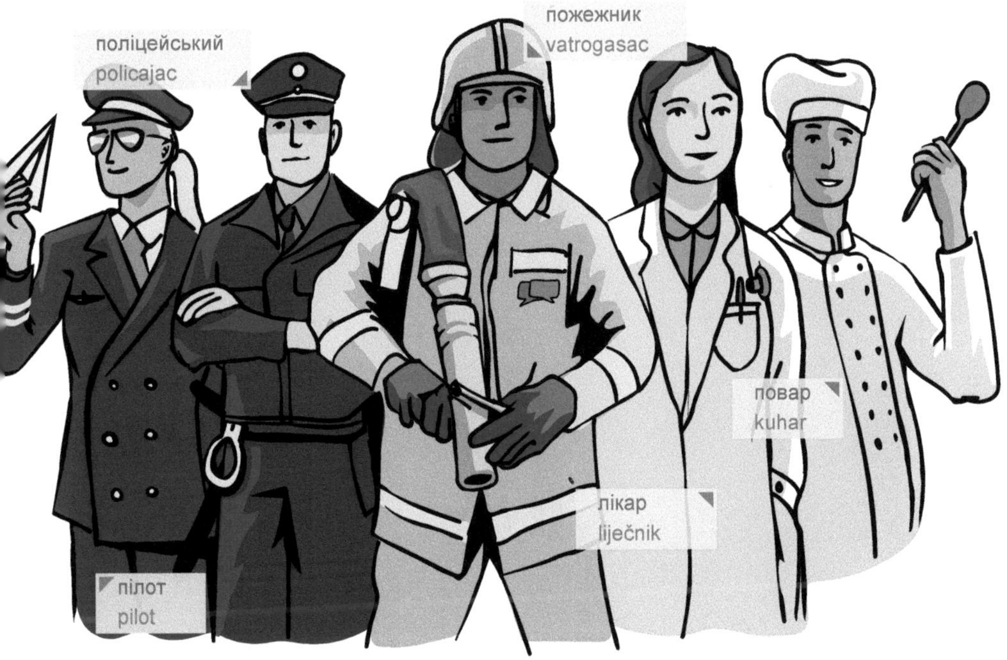

поліцейський
policajac
пожежник
vatrogasac
повар
kuhar
лікар
liječnik
пілот
pilot

садівник

vrtlar

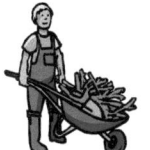

столяр

stolar

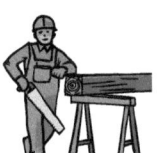

швачка

krojačica

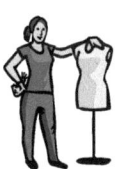

суддя

sudija

хімік

kemičar

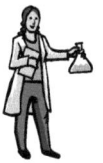

актор

glumac

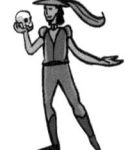

водій автобуса

vozač autobusa

таксист

vozač taksija

рибалка

ribar

прибиральниця

čistačica

покрівельник

krovopokrivač

офіціант

konobar

мисливець

lovac

художник

slikar

пекар

pekar

електрик

električar

будівельник

građevinski radnik

інженер

inženjer

забійник

mesar

бляхар

limar

листоноша

poštar

солдат

vojnik

архітектор

arhitekta

касир

blagajnik

флорист

cvjećar

перукар

frizer

кондуктор

kondukter

механік

mehaničar

капітан

kapetan

дантист

zubar

вчений

znanstvenik

рабин

rabi

імам

imam

монах

monah

пастор

svećenik

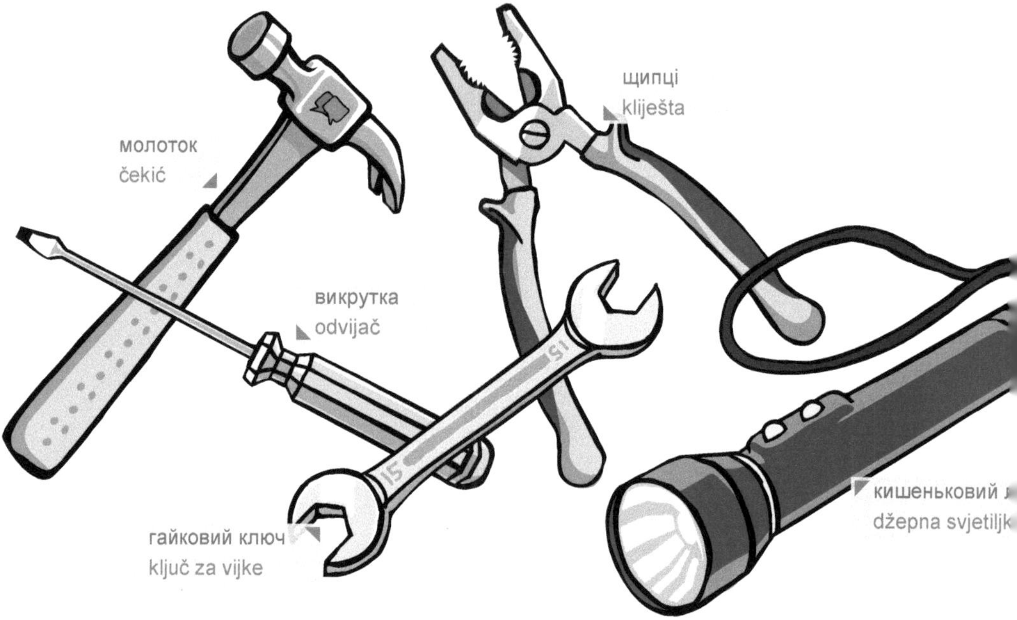

молоток
čekić

щипці
kliješta

викрутка
odvijač

гайковий ключ
ključ za vijke

кишеньковий ж
džepna svjetiljk

екскаватор

rovokopač

ящик для інструментів

kutija za alat

драбина

ljestve

пилка

pila

цвяхи

ekser

свердло

bušilica

ремонтувати

popraviti

лопата

lopata

лайно!

Sranje!

совок

lopatica

відро з фарбою

lonac za boju

гвинти

vijci

музичні інструменти
glazbeni instrument

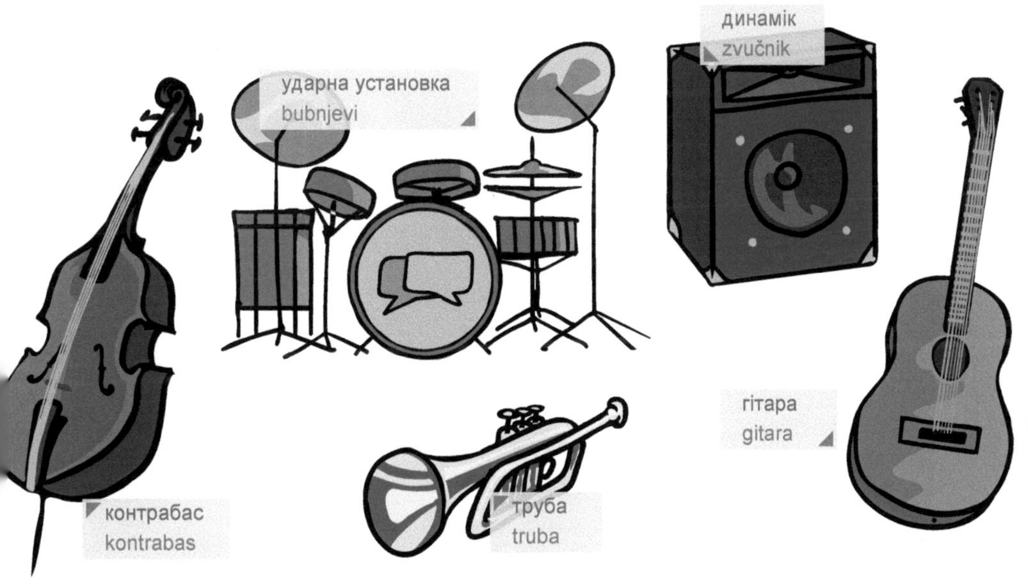

динамік
zvučnik

ударна установка
bubnjevi

гітара
gitara

контрабас
kontrabas

труба
truba

фортепіано

klavir

скрипка

violina

бас

bas

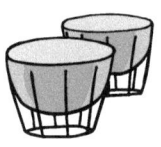

литаври

timpani

барабан

udaraljke za bubnjeve

клавіатура

keyboard

саксофон

saksofon

флейта

flauta

мікрофон

mikrofon

зоопарк
zoološki vrt

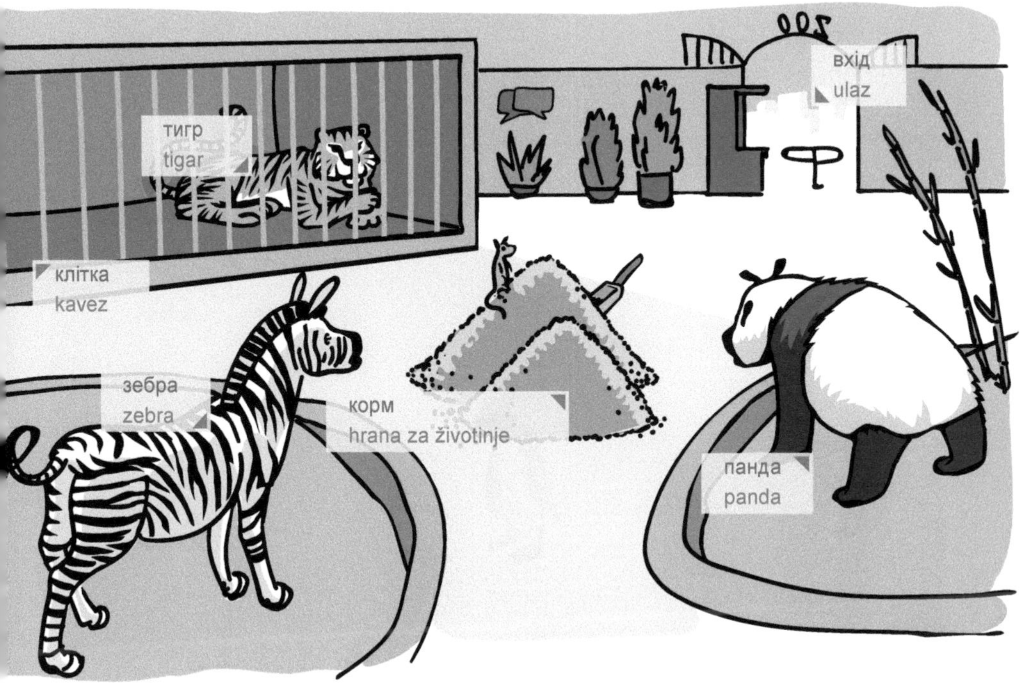
вхід
ulaz
тигр
tigar
клітка
kavez
зебра
zebra
корм
hrana za životinje
панда
panda

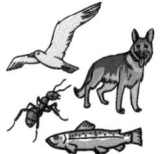

тварини

životinje

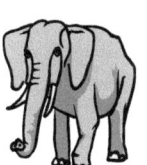

слон

slon

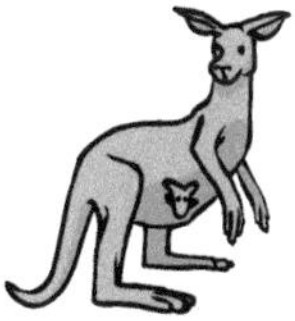

кенгуру

kengur

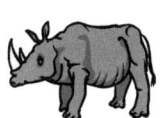

носоріг

nosorog

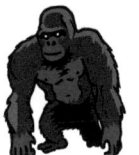

горила

gorila

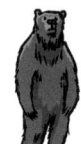

ведмідь

medvjed

верблюд

kamila

страус

noj

лев

lav

мавпа

majmun

фламінго

flamingo

папуга

papagaj

білий ведмідь

polarni medvjed

пінгвін

pingvin

акула

ajkula

павич

paun

змія

zmija

крокодил

krokodil

працівник зоопарку

čuvar u zoološkom vrtu

тюлень

tuljan

ягуар

jaguar

поні
poni

леопард
leopard

гіпопотам
nilski konj

жираф
žirafa

орел
orao

кабан
divlja svinja

риба
riba

черепаха
kornjača

морж
morž

лисиця
lisica

газель
gazela

американський футбол
američki nogomet

їзда на велосипеді
biciklizam

теніс
tenis

баскетбол
košarka

плавання
plivanje

бокс
boks

хокей
hockey na ledu

футбол
nogomet

бадмінтон
badminton

легка атлетика
atletika

гандбол
rukomet

лижні перегони
skijanje

поло
polo

дії
aktivnosti

стрибати
skočiti
обіймати
zagrliti
сміятися
smijati se
йти
ići
співати
pjevati
мріяти
sanjati
молитися
moliti se
цілувати
poljubiti

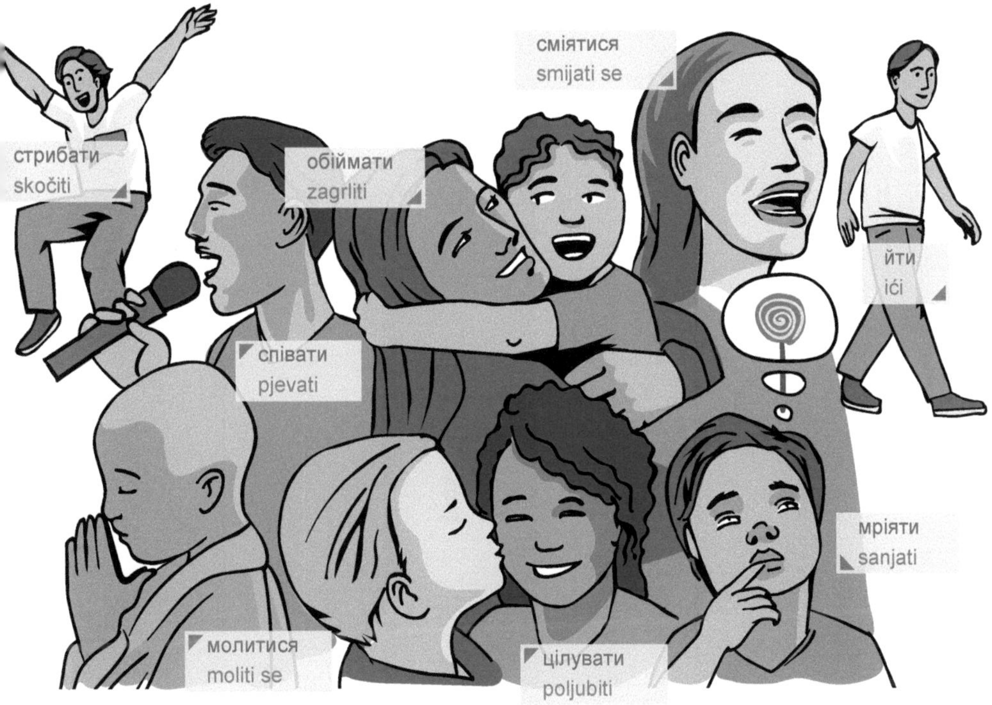

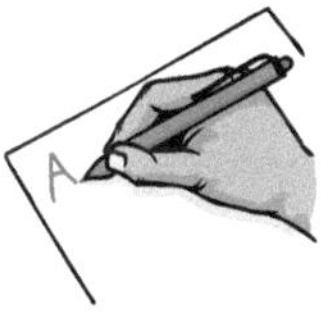

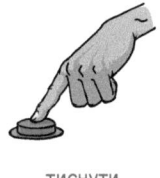

писати

pisati

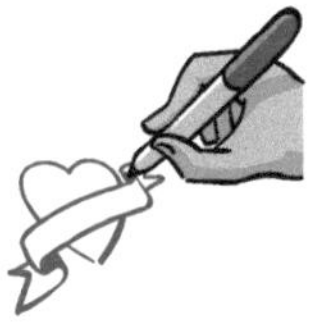

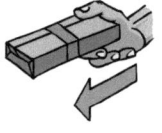

малювати

crtati

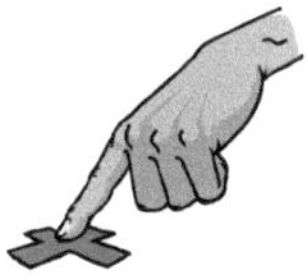

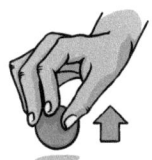

показувати

pokazati

тиснути

gurati

давати

dati

брати

uzeti

мати
imati

робити
činiti

бути
biti

стояти
stojati

бігати
trčati

тягнути
povlačiti

кидати
baciti

падати
padati

лежати
ležati

очікувати
čekati

носити
nositi

сидіти
sjediti

одягати
oblačiti

спати
spavati

просипатися
probuditi se

дивитися

gledati

плакати

plakati

гладити

milovati

розчісувати

češljati

розмовляти

govoriti

розуміти

razumjeti

питати

pitati

слухати

slušati

пити

piti

їсти

jesti

прибирати

pospremiti

любити

voljeti

варити

kuhati

їхати

voziti

літати

letjeti

дії - aktivnosti

йти під вітрилом

ploviti

рахувати

računati

читати

čitati

вчитися

učiti

працювати

raditi

одружуватися

vjenčati se

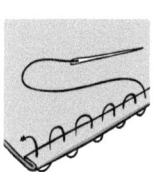

шити

šiti

чистити зуби

prati zube

убивати

ubiti

курити

pušiti

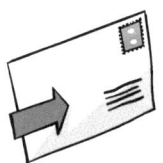

посилати

poslati

бабуся
baka

дідуся
djed

батько
otac

мати
majka

немовля
beba

донька
kćerka

син
sin

гість
gost

тітка
tetka

дядько
ujak, stric

брат
brat

сестра
sestra

тіло
tijelo

чоло
čelo
око
oko
обличчя
lice
підборіддя
brada
груди
grudi
палець
prst
кисть
ruka
рука
ruka
плече
rame
нога
noga

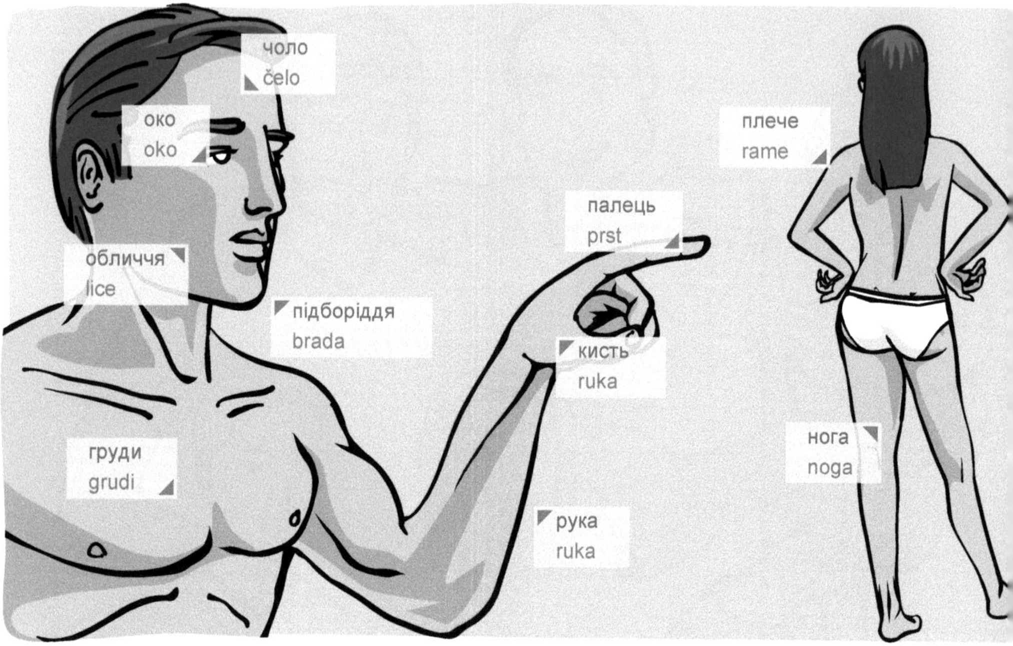

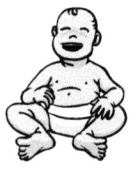

немовля
beba

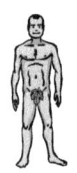

чоловік
muškarac

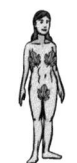

жінка
žena

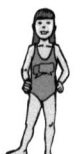

дівчина
djevojčica

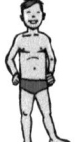

хлопчик
dječak

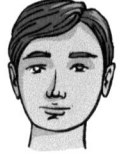

голова
glava

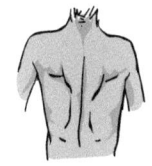

спина

leđa

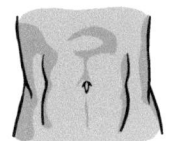

живіт

trbuh

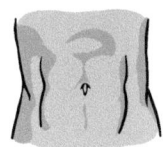

пуп

pupak

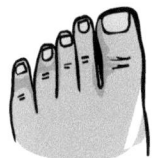

палець ноги

nožni prst

п'ята

peta

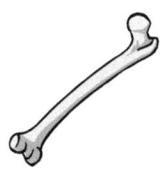

кістка

kost

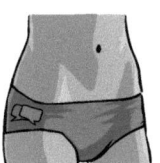

стегно

kuk

коліно

koljeno

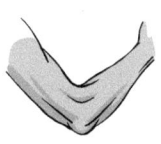

лікоть

lakat

ніс

nos

сідниці

stražnjica

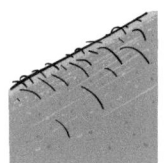

шкіра

koža

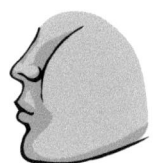

щока

obraz

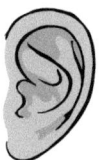

вухо

uho

губа

usna

рот

usta

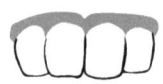

зуб

zub

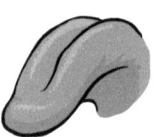

язик

jezik

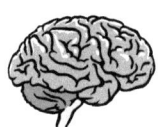

мозок

mozak

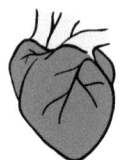

серце

srce

м'яз

mišić

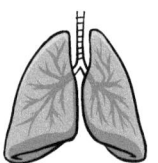

легені

pluća

печінка

jetra

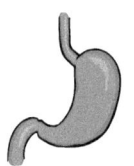

шлунок

želudac

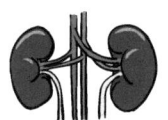

нирки

bubrezi

статевий акт

snošaj

презерватив

kondom

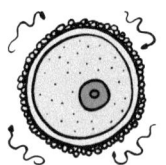

яйцеклітина

jajna stanica

сперма

sperma

вагітність

trudnoća

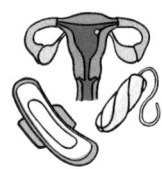

менструація
menstruacija

вагіна
vagina

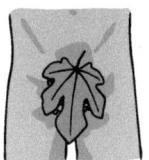

пеніс
penis

брова
obrva

волосся
kosa

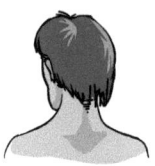

шия
vrat

тіло - tijelo

лікарня
bolnica

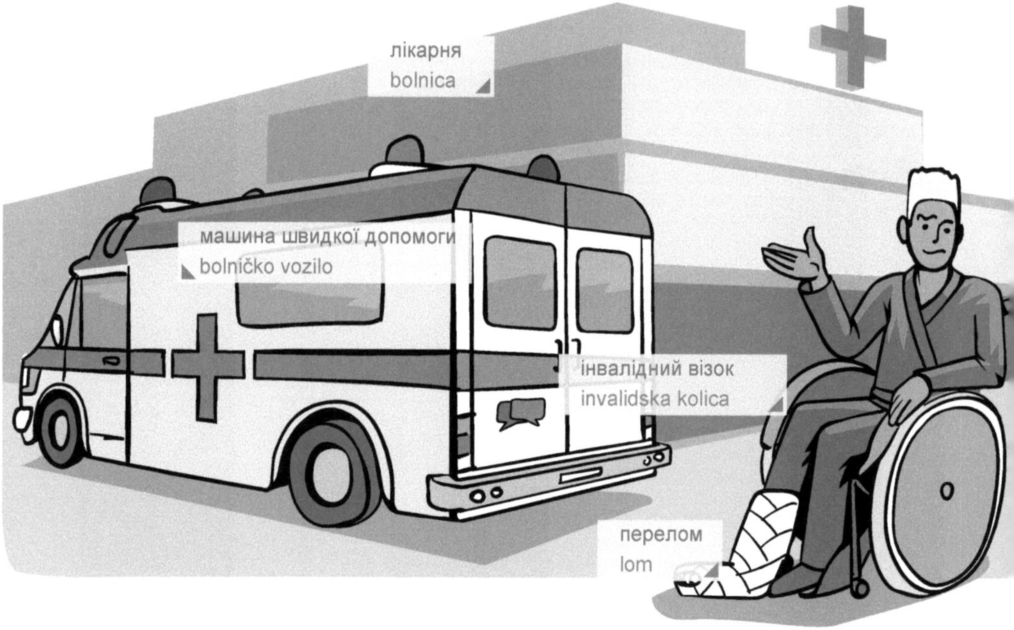

лікарня
bolnica
машина швидкої допомоги
bolničko vozilo
інвалідний візок
invalidska kolica
перелом
lom

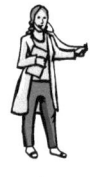

лікар

liječnik

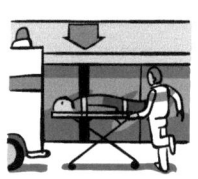

відділення швидкої медичної допомоги

hitna medicinska služba

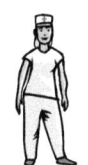

медсестра

medicinska sestra

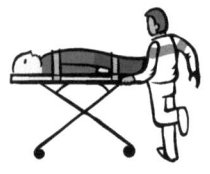

аварійний випадок

hitni slučaj

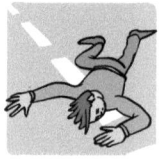

непритомний

nesvijest

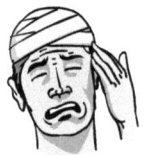

біль

bol

травма

ozljeda

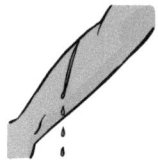

кровотеча

krvarenje

інфаркт

srćani infarkt

інсульт

moždani udar

алергія

alergija

кашель

kašalj

лихоманка

groznica

грип

gripa

пронос

proljev

головна біль

glavobolja

рак

rak

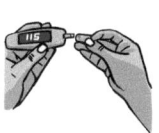

діабет

dijabetes

хірург

kirurg

скальпель

skalpel

операція

operacija

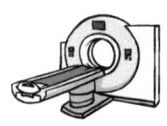

КТ
ct

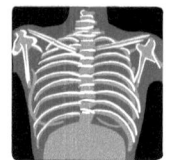

рентген
rentgen

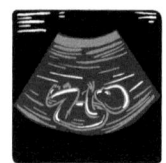

ультразвук
ultrazvuk

маска
maska

хвороба
bolest

зал очікування
čekaonica

милиця
štaka

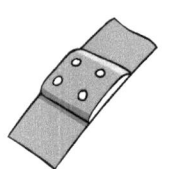

пластир
flaster

пов'язка
zavoj

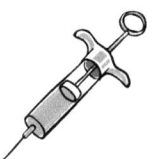

ін'єкція
injekcija

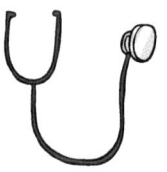

стетоскоп
stetoskop

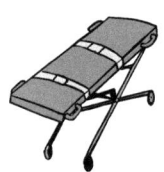

ноші
nosilo

термометр
termometar

народження
rođenje

надмірна вага
prekomjerna težina

слуховий апарат

slušni aparat

дезінфікуючий засіб

sredstvo za dezinfekciju

інфекція

infekcija

вірус

virus

ВІЛ / СНІД

hiv / sida

медицина

medicina

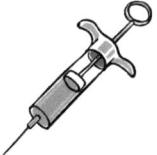

вакцинація

vakcinacija

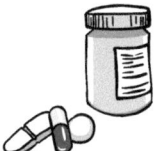

таблетки

tablete

протизаплідна пігулка

pilula

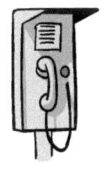

екстрений виклик

poziv u pomoć

тонометр

uređaj za mjerenje tlaka

хворий / здоровий

bolesno / zdravo

сигнал тривоги

alarm

напад

nasrtaj

Допоможіть!

pomoć!

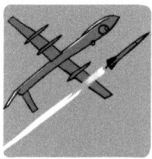

атака

napad

небезпека

opasnost

аварійний вихід

izlaz za nuždu

Вогонь!

požar!

вогнегасник

vatrogasni aparat

аварія

nezgoda

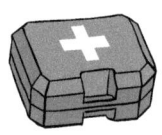

аптечка

kofer prve pomoći

СОС

sos

поліція

policija

Європа

Europa

Північна Америка

sjeverna amerika

Південна Америка

južna amerika

Африка

Afrika

Азія

Azija

Австралія

Australija

Атлантика

Atlantik

Тихий океан

Pacifik

Індійський океан

ocean

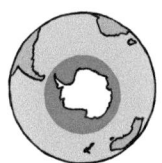

Антарктичний океан

antarktički ocean

Північний Льодовитий океан

arktički ocean

Північний полюс

sjeverni pol

Південний полюс

južni pol

Антарктика

Antarktik

Земля

zemlja

суша

zemlja

море

more

острів

otok

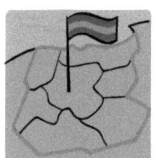

нація

nacija

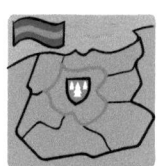

держава

država

циферблат

brojčanik sata

годинникова стрілка

satna kazaljka

хвилинна стрілка

minutna kazaljka

секундна стрілка

sekundna kazaljka

Котра година?

Koliko je sati?

день

dan

час

vrijeme

зараз

sada

цифровий годинник

digitalni sat

хвилина

minuta

година

sat

tjedan

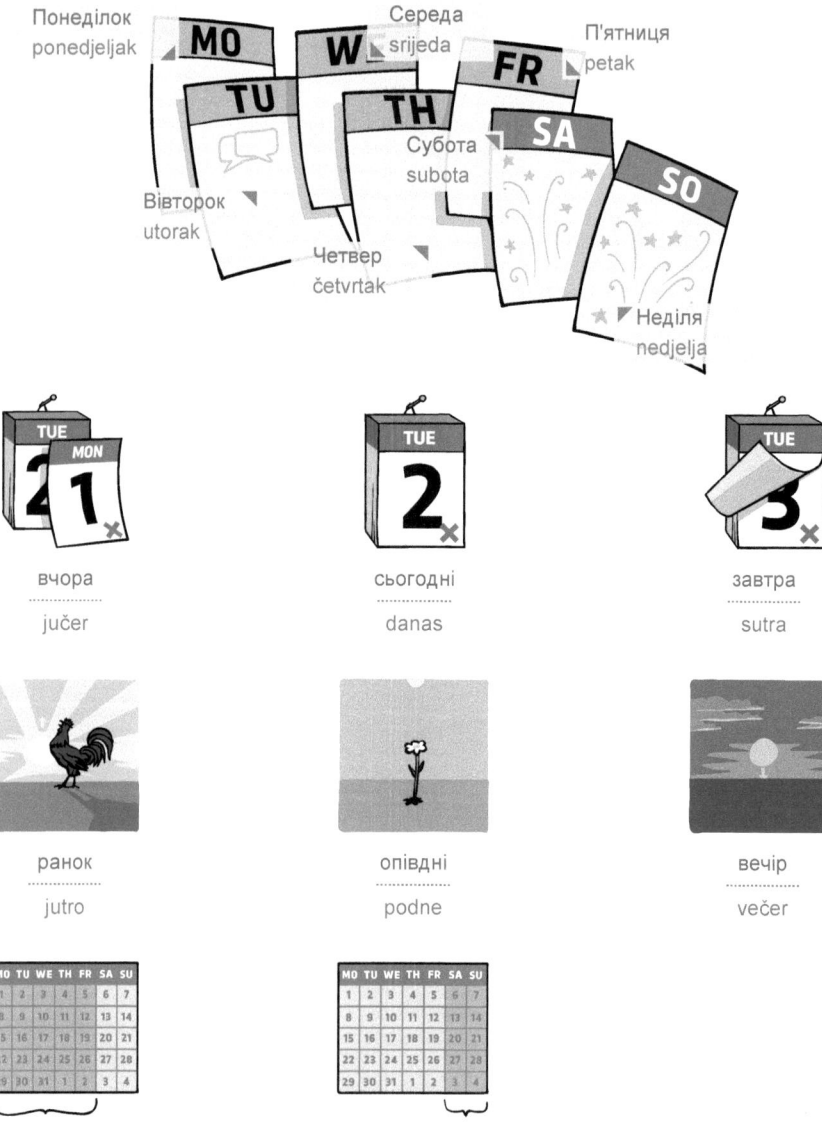

Понеділок
ponedjeljak

Середа
srijeda

П'ятниця
petak

Вівторок
utorak

Четвер
četvrtak

Субота
subota

Неділя
nedjelja

вчора

jučer

сьогодні

danas

завтра

sutra

ранок

jutro

опівдні

podne

вечір

večer

робочі дні

radni dani

кінець робочого тижня

vikend

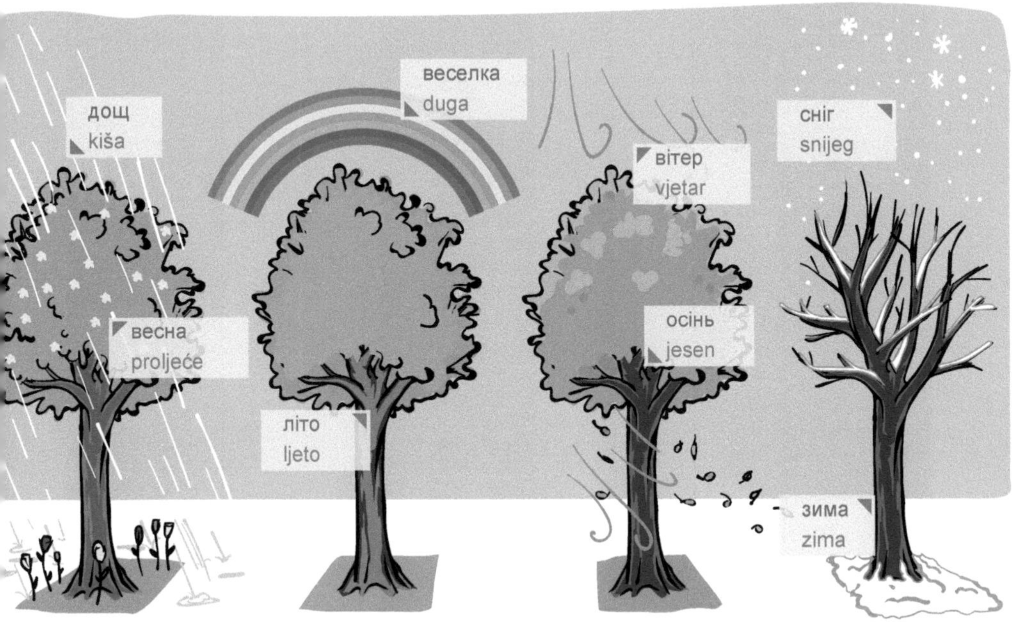

дощ
kiša
веселка
duga
вітер
vjetar
сніг
snijeg
весна
proljeće
осінь
jesen
літо
ljeto
зима
zima

4.APRIL 11°
5.APRIL 4°
6.APRIL 13°
7.APRIL 8°
8.APRIL 10°

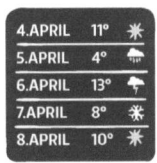

прогноз погоди

meteorološka prognoza

F
C
120
90
60
30
0
-30
40
30
20
10
0
-10
-20

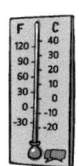

термометр

termometar

сонячне світло

sunčana svjetlost

хмара

oblak

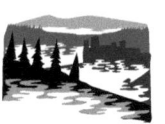

туман

magla

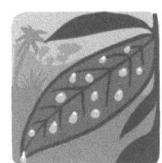

вологість повітря

vlažnost zraka

блискавка
munja

грім
grmljavina

шторм
oluja

град
tuča

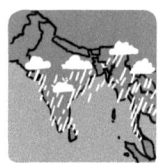

мусон
monsun

повінь
poplava

лід
led

Січень
siječanj

Лютий
veljača

Березень
ožujak

Квітень
travanj

Травень
svibanj

Червень
lipanj

Липень
srpanj

Серпень
kolovoz

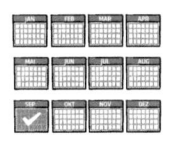

Вересень

rujan

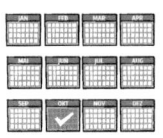

Жовтень

listopad

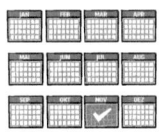

Листопад

studeni

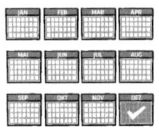

Грудень

prosinac

круг

krug

квадрат

kvadrat

прямокутник

pravokutnik

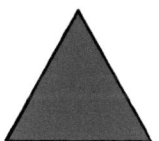

трикутник

trokut

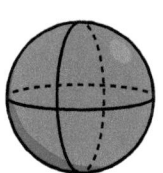

куля

kugla

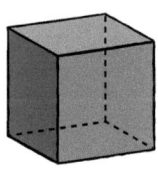

куб

kocka

фарби
boje

білий
....
bijela

жовтий
....
žuta

помаранчевий
....
narančasta

рожевий
....
ružičasta

червоний
....
crvena

фіолетовий
....
ljubičasta

синій
....
plava

зелений
....
zelena

коричневий
....
smeđa

сірий
....
siva

чорний
....
crna

багато / мало

mnogo / malo

лютий / мирний

ljutito / mirno

гарний / бридкий

lijepo / ružno

початок / кінець

početak / kraj

великий / малий

veliko / maleno

світлий / темний

svijetlo / tamno

брат / сестра

brat / sestra

чистий / брудний

čisto / prljavo

завершений / незавершений

potpuno / nepotpuno

день / ніч

dan / noć

мертвий / живий

mrtvo / živo

широкий / вузький

široko / usko

їстівний / неїстівний

jestivo / nejestivo

злий / дружній

zlo / dobro

збуджений / нудьгуючий

uzbuđeno / dosadno

товстий / тонкий

debelo / mršavo

спочатку / востаннє

na početku / na kraju

друг / ворог

prijatelj / neprijatelj

повний / порожній

puno / prazno

жорсткий / м'який

tvrdo / mekano

важкий / легкий

teško / lagano

голод / спрага

glad / žeđ

хворий / здоровий

bolesno / zdravo

незаконний / законний

ilegalno / legalno

розумний / дурний

pametno / glupo

вліво / вправо

lijevo / desno

поруч / далеко

blizu / daleko

новий / використаний

novo / rabljeno

нічого / щось

ništa / nešto

старий / молодий

staro / mlado

вкл / викл

uključeno / isključeno

відкрито / закрито

otvoreno / zatvoreno

тихо / гучно

tiho / glasno

багатий / бідний

bogato / siromašno

правильно / неправильно

točno / pogrešno

шорсткий / гладкий

hrapavo / glatko

сумний / щасливий

tužno / sretno

короткий / довгий

kratko / dugo

повільно / швидко

polako / brzo

вологий / сухий

mokro / suho

гарячий / холодний

toplo / hladno

війна / мир

rat / mir

0

нуль

nula

1

один

jedan

2

два

dva

3

три

tri

4

чотири

četiri

5

п'ять

pet

6

шість

šest

7

сім

sedam

8

вісім

osam

9

дев'ять

devet

10

десять

deset

11

одинадцять

jedanaest

12

дванадцять

dvanaest

13

тринадцять

trinaest

14

чотирнадцять

četrnaest

15

п'ятнадцять

petnaest

16

шістнадцять

šestnaest

17

сімнадцять

sedamnaest

18

вісімнадцять

osamnaest

19

дев'ятнадцять

devetnaest

20

двадцять

dvadeset

100

сто

stotinu

1.000

тисяча

tisuću

1.000.000

мільйон

milijun

англійська

engleski

американська англійська

američko engleski

китайська
високочиновницька

kinesko mandarinski

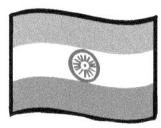

хінді

hindi

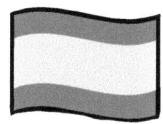

іспанська

španjolski

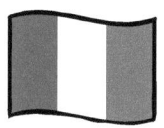

французька

francuski

арабська

arapski

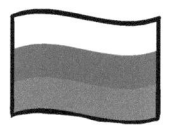

російська

ruski

португальська

portugalski

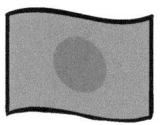

бенгальська

bengalski

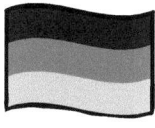

німецька

njemački

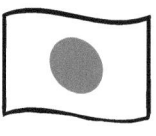

японська

japanski

я
ja

ти
ti

він / вона / воно
on / ona / ono

ми
mi

ви
vi

вони
oni

хто?
tko?

що?
što?

як?
kako?

де?
gdje?

коли?
kada?

ім'я
ime

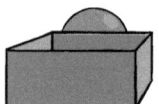

ззаду

iza

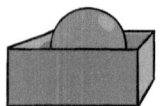

в

u

перед

ispred

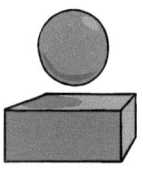

над

preko

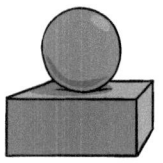

на

na

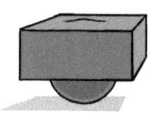

під

ispod

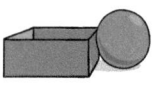

біля

pored

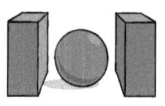

між

između

місце

mjesto